찻잎만 보아도
마음은 이미 꽃이다

강금이 시집

상상인 시인선 *036*

찻잎만 보아도
　　마음은 이미 꽃이다

*본문 페이지에서 한 연이 첫 번째 행에서 시작될 때에는 〈 표기를 합니다.
*저자의 의도에 따라 작품의 보조 동사와 합성 명사는 띄어쓰기가 달라질 수 있습니다.

시인의 말

세상에 쉬운 일이 없다지만
한 걸음 내딛기가 힘들다

용기를 내어
차에 젖은 일상의 여백에
설익은 시어들을 조심스럽게 담아낸다

소중한 인연들에 감사하는 마음으로
따듯한 차 한잔 정성으로 내놓으며

정갈한 다시茶詩를 쓰는 다인茶人으로 살고 싶다

2023년 6월
강금이

차 례

1부 출렁이는 푸른 옷깃을 따라

차를 마시면	19
가슴에 차나무 씨를 심었다	20
봄의 소리를 보고 있다	22
군자의 기상	24
호박꽃차	26
풀꽃 서사	28
익어가는 나를 본다	30
단풍잎 닮은 다인茶人	32
찻물 소리	34
하심下心으로 담아내는 햇차	36
신선한 첫 경험	37
차도구	38
녹차	40
한 잔의 정	42
실화상봉수	44

2부   아픈 통점들이 꽃말로

차꽃의 언어	49
마음에 스며든 찻잔	50
봄을 풀고 있는 녹차	51
느티나무의 환생	52
개망초꽃차	54
낮에 뜨는 별	55
항아리 속의 보이차	56
녹차는 말한다	58
무심	60
다인들의 소리 없는 말	62
홍차 향기를 따라	64
작설차	66
차 바구니	68
진열장에 갇힌 다완	70
피우고 싶은 다심茶心	71

3부 봄의 빗장을 열고

겨울 차밭	75
가루차의 발화	76
차실의 다완	78
차를 달이며 철들어간다	80
푸른 영혼	82
매화꽃차	84
연둣빛 찻잎	85
오늘을 따뜻하게 사는 법	86
여고 동창생 여행 이야기	88
맨드라미꽃차	90
차를 달이며	92
고요유 차실에서	93
녹차향기 따라	94
차나무의 덕성	96
머리 깎은 찻상	98

4부 찻상 앞에 앉아 있다

차 향기가 좋아라 　　　　　　　　103

찻물을 끓이며 　　　　　　　　　104

목마른 향기 　　　　　　　　　　106

찻잎 따던 날 　　　　　　　　　　108

아버지의 자전거 　　　　　　　　110

낙엽의 약속 　　　　　　　　　　111

찻잎만 보아도 마음은 이미 꽃이다 　112

청매화꽃 　　　　　　　　　　　　113

곡우차 　　　　　　　　　　　　　114

밤하늘을 차석으로 펼쳐놓고 　　　116

찻물 오르는 봄 　　　　　　　　　118

나비처럼 날아가셨다 　　　　　　119

봄 언덕에 쑥 　　　　　　　　　　120

茶書를 읽으며 　　　　　　　　　122

명상 　　　　　　　　　　　　　　123

해설 _ 빛으로 난 길 　　　　　　125
고광식(시인·문학평론가)

1부

출렁이는 푸른 옷깃을 따라

차를 마시면

차를 마시는 것은
배를 채우는 것이 아니다

살면서 과식한 생각들을 뱉어내려는 것이다

창가에 모인 여인들
잠시 인생에 편안한 착지점을 찾는 중일까

마른 깻단에 매달린 깨알처럼
명치끝 응어리가 털리고 있다

뿌리칠 수 없는 매력처럼
한 번 마시면
녹차에 푹 빠지고 만다

배꼽 단추가 터지도록 푼수처럼 웃는다

곡진했던 삶이 가벼워지고
빈 마음에 구김살 없는 웃음으로 채워진다

가슴에 차나무 씨를 심었다

한 곳에 몸과 마음을 묻고
죽어서도 뼈로 뿌리내리라는 말

시집오던 날
봉채함에 담아 온 차 씨를
가슴에 다독이며 심었다

삶의 언저리를 지나며 가늠할 수 없는 된바람에
꺼져가는 작은 불씨도 입술을 깨물며
후후 불어 일으켜 세웠다

달빛 아래 오랜 시간을 버티던 나무다리가
휘청거리듯 한순간 흔들릴 때도 있었지만

살얼음 길을 홀로 걸을 때
흘러내리던 눈물의 방향을 돌려세웠다

육근六根을 막아버리고 걸어왔던 길

한 줌 가루 되어 흩어질 때까지

약속을 지켜낸 여인
사리가 씨가 되어 하얀 차꽃으로 피었다

봄의 소리를 보고 있다

긴 겨울을 홀로 조율하며 견디었을
차나무 싹이 눈을 뜨고

맑은 물소리 잎새에 담아
곤두세웠던 촉을 내리고 봄자락을 바라본다

절정의 몸을 풀기 위해
빛을 불러내는 앙칼진 소리

고운 인연의 끈 당기는
가슴에서 들끓는 사랑법일까

뒷걸음치는 겨울바람을 보며
지나온 시간만큼
시간들 속에서 흔들리기도 하였지만

구름을 밀어내고
깊이 엉켜버린 아지랑이를 풀어내어
잠자고 있는 그리움을 일으킨다
〈

나눔 하는 다심茶心에 물들어 버린 봄
생기 없던 봄에 피가 돌고 있다

군자의 기상

찻물은 곡선이 아닌 직선이다

바르게 떨어지는 한 줄기
자세만으로도 생각이 곧아지는
군자의 자태

빳빳한 객기를
덖어내고서야 얻어 낼 수 있는 것이다

가벼운 몸짓도
허용되지 않을 것 같은 내음
가랑비 옷깃에 스미듯
정성스런 손길이 있었기 때문이다

달콤하게 쏟아지는 유혹도
잔잔한 강물 같은 마음에는 범람할 수 없다

하나의 땅이 두 동강 나버린 상처를
마음의 족자에 넣어 두고
〈

찬 서리에 씻어 낸 푸른 몸이
행여 혼탁한 물에 발끝이라도 적셔내는
타협의 지분은 남길 수 없다

아찔한 삶에 귀청이 열리어
보이지 않는 바닥까지 다심茶心 자욱하게 내려앉았으니
애민을 아는 군자의 싹을 기어이 피워낼 것이다

호박꽃차

훅 달아오른 열기는
땅속까지 익혀 버릴 듯 기세가 등등하다

목마름으로 타들어 가는 호박꽃
숨이 딱 멈출 것 같이 심장을 조여 오는 순간에도
자식을 키워야 하는 숙명에 맥없이 주저앉을 수 없었다

제 몸 안의 마지막 한 방울까지 내어주고 나서야
꼬투리를 놓아버렸다

호박꽃처럼 사셨던 어머니
자식을 위해 전부를 내어주신 사랑

빈 바탕에 악보를 그려 넣고
건반 위로 트릴과 스타카토를 연주해 가듯
부드러움과 강함을 넘나들던 그녀의 힘찬 삶이었다

어머니의 연주곡을
내면의 끝을 울리는 성음으로 듣고
〈

호박꽃차의 노란 미소를 마시며
시들어 가던 한때가 시절을 일으키고 있다

풀꽃 서사

버석한 하루가 주춤거리며
차실에 들어오고
작설찻잎이 찻잔에 앉는다

담장 밑 작은 풀꽃은
나이 들어 한쪽 귀가 나간 꽃병을 파고든 다화茶花
지긋이 웃고 있는 어머니였다

어머니를 따라
아득한 산자락 끝에 나는 앉아 있다

맞바람을 맞으면서도 밭을 매고
어둠이 발끝으로 내려와야 허리를 펴셨다

철부지 손을 잡고 어둑한 산길을 내려오시다가
한 귀퉁이 피어 있는 작은 풀꽃 향기를 맡으시며
소녀 같은 미소를 지으시던 구릿빛 얼굴

아름다운 풀꽃이셨다
〈

차 향기 스칠 때마다 피어나는
어머니는 풀꽃
먼저 팔 벌려 반기는 모습이 눈물로 맺힌다

익어가는 나를 본다

기울어가는 시간을 차밭 위에
잠시 내려놓고 나를 찾는다

욱신거리는 마음을
날숨으로 토해내며 청차를 마시고 있다

눈 지그시 감아보니 소슬바람 사이로
가을 햇살이 차나무를 어루만지고 있다

고슬고슬 지은 밥을 내밀며
거친 손을 감추시던 어머니의 손길 같은

굴곡진 높고 낮은 산을 넘어온 바람에게
어머니의 마음을 듣는다

내 안에 살고 있는 당신을 보며
어머니가 되어 가는 나를 본다

닫혔던 생각에 문이 열린 것은
망각했던 비밀번호 풀어낸 것일까

〈
이제 쓴맛을 단맛으로 느낄 수 있다는 것은
청향에서 농향으로 조금씩 익어가고 있는 것이다

단풍잎 닮은 다인茶人

하늘 붉게 물들였던 단풍잎을
가을바람이 데리고 가네요

낙엽이 가을바람의 뒤를 따르는 것은
아마도 훨훨 다 털어낸 마음이겠지요

너덜너덜 구멍 난 갈잎 하나
손바닥 위에 올려놓으니
다섯 손가락에 딱 들어맞고
해진 잎 사이로 굵은 핏줄들이 선명합니다

여름을 여름으로 짙게 하고
가을을 열리게 한
계절의 흔적들이 나의 삶에도 있네요

이름 불리는 모든 것들은 소리를 내었지만
당신은 가슴에 묻었습니다

시간의 흐름만큼 비워질 수 있었던 것은
당신의 심정을 느껴보았기 때문입니다

〈
끝이 보이지 않았던 두려움에도
묵묵히 견디다 홀연히 떠나는 당신처럼
아름답게 물들이고 싶은 다인※ㅅ입니다

찻물 소리

출렁이는 푸른 옷깃을 따라
발을 멈추고 눈을 얹어 놓았다

무언無言으로 들려주는 소리는
어디서부터 시작되는지

한 잎 두 잎 통통히 모여
서걱거리는 속세의 티끌을 걷어내고

단전 끝에서 짜내는 한 방울의 정수는
여러 가닥으로 풀려 있는 마음을 하나로 모은다

한 모금만 마셔도 오래된 다서가 가슴에 닿는 듯
온기 가득 담은 찻물에 몸이 풀리고
나른하게 닫힌 귀가 열렸다

딱딱한 껍질을 깨고 나온 병아리처럼
환생된 마음은 보송보송 부드럽게 만져지고

작은 세상도 크게 보이는 순간

두 눈이 마주치고 웃음 머문 입가에서
피워내는 쓰고 달달한 언어들

찻잔에 마음 올려놓고 귀 기울여 들어본다

하심下心으로 담아내는 햇차

청아한 마음으로 씻고 나서야
비로소 하늘을 받쳐 들 수 있었다

별빛처럼 흐르는 푸른 미소
마른침 되삼켰을 순간들이 떠올라
두 손이 절로 모아진다

봄 햇살 받아내어
연둣빛으로 만개한 몸

조건 없이 내어주는 진향을 훌쩍 받아
단숨에 산허리 감고 넘어온
내 심정을 알 수 있을까

생에 또다시 만날 수 없을 것 같아
둥그런 차 바구니에 담는 손길이 바쁘다

저만큼 서서
바라만 볼 수밖에 없었던 눈빛

하심下心으로 그대의 그리움을 담고 있다

신선한 첫 경험

마음의 색깔을 바꾸고 있다

포개진 입술에 미소가 일어나자
새빨간 홍차가 혀를 물들이며
몸을 덥히고 있다

얼떨결에 받은 사랑
무언가 비밀이 있는 것 같지만
속내에 닿기까지는 여느 차와 같았다

쿵쾅쿵쾅 가슴 덮치는 소리
처음에는 낯설었지만
먹어 치운 묵직한 삶이 점점 가벼워졌다

창백한 기분을 가라앉히고
마른 감정에 맥이 뛰고 있다

홍차 한잔의 신선한 경험은
텅 빈 마음에 빨강을 입히며 몸을 깨운다

차도구

토담 안 옛집 같은 차실에는
찻물이 듬뿍 들어있다

태어난 고향도 이름도 서로 다른 이들이
차실 안에 들어올 수 있었던 것은
우연한 인연

눈인사만으로도 마음이 하나가 되었다

차를 우려내는 팽주인 다관
우려낸 차를 나누는 다동인 숙우熟盂

차를 마시는 작은 숨소리도 헤아려
자연의 순리를 담아낸다

삶의 편린들 사이에서
농도 짙은 아픔을 이겨내고
마음꽃으로 승화시켰기 때문일 것이다

한곳에 머물지 못하는 마음에도

살포시 손 얹어주는 따스함

찻물 들인 차실 안의 차도구들은
인향人香을 넘나들고 있다

녹차

저 퍼런 잎
흔들려도 꺾이지 않은 삶을 살았던 자국

찻잔 아래로 떨구어 내는
눈물 같은 방울들

망울진 잎눈 터트리는 날까지
생을 농축시켰던 연둣빛 찻물
민낯의 진실함일까

하늘을 받쳐 들고
성인들의 고서를 낭독하는 듯하다

이슬처럼 맑아진 차나무 골에서
식어가는 심장에 청아한 온기를 담는다

산다는 것은
남은 시간이 사라지기도 하지만
살아온 시간을 비워가는 것일까
〈

오래된 기억들이 녹음되어
저절로 갇힌 나를 고즈넉이 보듬는 순간

허기진 마음을 비움으로 쓸어내리고
지나간 시간만큼 머무는 미소
깡마른 가슴이 풍성해지고 있다

한 잔의 정

장독 위에 이야기 소리 정겨워
길손은 발길을 멈춘다

차실 문이 열렸다
훅 들어오는 은은한 연향이 먼저
고즈넉하게 반긴다

다관에 차를 안치니
뚝뚝 낙숫물처럼 빈 가슴에 차오르고

다소곳한 여인의 맵시로
시가 빚어지고
다담이 무르익어가고 있다

일상의 수두룩한 오류들이 걸러지고
낭랑하게 귀에 닿는 시어
잔잔하게 들어와 진한 물결로 남는다

마음의 온도를 높여주는 소중한 만남
〈

듬뿍 품어지는
한 잔의 정 마셨으니
흰 구름이 잔 속에서 일렁인다

실화상봉수*

녹색 풀어헤치고
차밭을 지키고 서 있는 차나무

차꽃 하얗게 피워 놓은 속내
누구를 기다리나

꼬박 일 년을 가슴 졸여야
만날 수 있는 꽃과 열매가 아니던가

그 시절을 매만지며
가슴으로 부르던 이름
지나가는 바람도 흔들렸던 지독한 사랑

마른 눈물 휘감기듯
갈피마다 꽂아둔 그리움

생의 화목和睦을 이루는 것은
함부로 거역할 수 없는 천륜의 계보였다

탯줄로 이어진

기막힌 모자의 인연이 이와 같으리라

* 실화상봉수實花相逢樹: 지난해 꽃이 피어 맺은 열매와 올해 새로 피는 꽃이 서로 만남.

2부

아픈 통점들이 꽃말로

차꽃의 언어

어떤 말도 달아나지 못하도록 꾸욱 봉해 두었다

생을 여니 쏟아져 나오는 이야기들

계절의 끝자락에서 햇살 한 조각 살짝 묻혀와 생을 만들어 가는 애틋한 몸부림

외로움도 말갛게 삭혀냈던 흔적

눌려 있던 숨 조각들 영혼만큼은 자유로운 꽃이 되었다

별을 따라나섰던 길

아픈 통점들이 꽃말로 승화되고 있다

마음에 스며든 찻잔

차는 차 속에 있고
그늘진 마음속에는 찻잔 하나가 있다

녹차는 따스한 빛 따라 산소를 흡입하고
목마른 찻잔에 풍류를 적신다

풀어놓기 위해 돌돌 말린 차가
제 몸을 풀어내고
움츠린 심장 위로 따스함이 스며들어
봉오리 진 입술은 꽃잎으로 핀다

퍼덕이던 날개가 접히고
수없는 생각들이 사그라지고 있다

털어내도 일어나는 먼지처럼
망상이 일어난다 해도

찻잔으로 들어온 달빛, 분심分心을 지우면
청아한 꽃 피워낼 수 있으니
빈 마음에 젖어들 수 있겠다

봄을 풀고 있는 녹차

밀봉된 봄은 조심했다

조금이라도 오염이 된다면 의미를 버려야 하니까

빛도 버린 안온함에서
산소와 습기는 오염의 빌미
온도와 냄새에도 조심해야 했다

전기포트의 물이 끓고
백자 도자기에 나를 넣고 숙우에 식힌 물을 따른다
말린 몸에 따뜻한 온기가 푸른 영혼으로 우러지는 동안
눈을 감고 차밭의 고향 생각에 잠긴다

차꽃을 만날 수 있는 겨울
눈과 찬바람으로 더 강해져 싱그러움이 도는 잎

눈을 뜨고 찻잔에 정성스러운 마음을 담는다

 감미로운 맛과 윤기 어린 연초록 잎을 보며 생살의 깊이를 느끼게 한다
 봄을 마시는 마음이 깨끗하게 핀다

느티나무의 환생

찻상으로 환생한 느티나무

꿋꿋하게 세월을 견디며
마을의 그늘 되기를 운명으로 알고
외곬의 고집이 나이테로 남아 있다

한 줄 한 줄 그어진 선은
길고 긴 자서전

굴렁쇠처럼 뒹구는 마음을 곧게 세우고
두 손을 모은 먼 선비의 자취일까

자를 수 없어 버리지 못한 말들이 사라지고
이제는 다도구의 마음을 읽어가고 있다

선한 눈빛으로 찻물을 받쳐 들고
고요히 다관을 안을 수 있었던 것은
정갈한 차의 성품을 닮았기 때문이다

서로의 온기를 공유하며

낮은 오감의 체온을 높여주고 있다

그 오래된 느티나무 찻상은
고향집 같은 다도구의 포근한 안식처이다

개망초꽃차

꽃이 많이 피면
풍년이 온다는 속담이 있다네
허기졌던 배를 채워준 기억들이
여름꽃을 하얗게 물들이네
작고 왜소해도 강인하게
모진 격랑을 견디어 왔던 것은
꽃을 피워내기 위한 몸부림이었을 것이네
더 멀리 가야 하는 여정에는
생목숨 앓는 소리가 잠들어 있네
누구도 함부로 기웃거릴 수 없어
제 땅에 당차게 꽃대 세우고
활짝 만개한 채 풍년을 약속하는 개망초꽃
하얀 달빛보다 더 흰 속살을
유언처럼 우려내고 있네

낮에 뜨는 별

골목길 한 귀퉁이
낮게 엎드린 작은 꽃

한 줌 한 줌 햇살 모아
꽃대 힘껏 밀어 올린다

찬바람 꺾어 칭칭 동여매고
가슴앓이 뱉어내는 날
꽃봉오리마다 하늘이 내려온다

낮에 뜨는 골목 안의 별

가만히 들여다보니
이 산 저 산 떠돌던 구름이
슬픔을 접고 말랑해진 미소였다

나도 웃고 있다
찻잔에 머물다 갔던 민들레꽃차 때문이다

항아리 속의 보이차

항아리에 갇혀 있어 눈은 언제나 깜깜했다

앞은 볼 수 있을까
덜컥 겁이 났다

쫑긋한 귀로 웅성대는 소리가 들리고
미궁 속에서 빠져나오려고 할수록
더 깊이 빠져들었다

꿈은 기억 속에 묻고
홀로 견뎌야 하는
좁은 세상이라는 것을 알았다

어느 날부터
풋풋한 향기가 점점 사라져가고
색이 짙어져 가는 것을 보았다

익어 가고 있는 것이다

이제는 거꾸로 서 있는 마음을 돌리고

뭉쳐진 덩어리 풀어 그대에게
달고 깊은 맛 펼쳐볼 수 있겠다

녹차는 말한다

녹차의 마음을 헤아려 보았습니다

그 안에는
작설잎이 한 잔의 차로 본색을 드러내기까지
인내하는 다신茶神들이 들어있습니다

귀를 막고 입을 닫았습니다

한 번 들어오면 정지화면이 된 듯
시간조차 멈춰 섭니다

잠깐 들고나는 평범한 것들은
문전박대 꿈도 꿀 수 없었고
수백 번 손을 비비고서야 완성되는 순간입니다

녹색의 본질은 아픔이 농축되어 있는 만큼 퍼렇듯
아찔했던 삶의 흔적을 찻물에 남겼습니다

차의 다성 육우의 말을 다경이라 명했던
숙연해지는 이치를 깨닫게 하며

다인들의 차분한 마음에 스며들고 있습니다

* 茶經: 최초의 차에 대한 전문서적, 중국 당나라 때 육우 지음.

무심

도시의 불이 하나둘 꺼져간다

포장지 속 하루가 달그락거리며
깨져버린 작은 조각들은
아쉬움에 퍼즐을 맞추며 잠을 붙잡는다

가까이 다가가면 잡힐 듯
더 멀리 날아가는 새처럼
간격을 내어주지 않는 잔상들이 표류한다

밀고 당기는 호흡을 따라 다가오는
찻물 끓는 무성의 소리에 기울어지고

가을바람이 튕겨내는 선율은
더듬더듬 만져지는 고요 속의 쉼터

너무 무거우면 눈물조차 밀어내는
난파된 하루의 일과를
온기로 감싸는 것은 무심이었다

* 무성: 탕 끓는 소리가 전혀 나지 않고 물결 소리만 미세하게 나는 상태. 이 상태를 순숙했다고 한다.

다인들의 소리 없는 말

창자 끝 힘껏 밀어내던 매미울음도
지쳐가는 여름 끝자락
호수 위 다실에 차 솥을 걸었다

향긋한 초록으로 다실 안을 예열하고
탁한 마음을 퇴수기에 버리며 찻잔을 든다

정성으로 펼쳐놓은 다식조차 호사스럽고
자꾸만 헛돌던 지난 시간이 접어지고 있다

눈앞의 무등산은 푸르기만 한데
더위를 씻어낼 듯
마당 한 귀퉁이 항아리를 두드리는
빗방울이 거세다

배가 불러오는 호수는 닫힌 물길을 내어주고
산 중턱으로 오르는 운무는
다인들의 눈앞에 다소곳이 앉았다

포옹하듯 다가오는 향기

가슴마다 초록별로 걸어 두고
다인들의 가슴에 열리는 소리 없는 언어만이 무성하다

홍차 향기를 따라

당신이 앉았다 떠나 버린 자리에
그림자처럼 걸려 있는
붉은 향기를 읽고 있습니다

뜨거운 삶을 담금질해가며
가장 작아진 당신

찻잔 위로 옷깃을 열고 사뿐히 내려앉아
초승달 눈썹 껌벅이며 볼이 붉어질 때는
세상도 함께 붉어졌지요

부드러운 입술의 촉촉한 입맞춤
굳어진 주름이 웃고 있네요

극한의 향기에
가슴이 뜨겁게 달아오릅니다

비록 식어버린 사랑일지라도
그 흔적에 눈물 한 번 흘려보지 않았다면
저렇듯 누군가를 뜨겁게 안을 수 있을까요

〈
당신의 매력은
가을날을 나와 함께 하는 것
노을 진 그림자 위로
스크린 한 장면이 아스라이 지나가고 있습니다

작설차

푸른 눈웃음에
숨이 멎을 것 같던 날

햇살보다 먼저 마중 나온 안개가
떨리는 가슴을 잡아준다

먹구름은 숨어버리고 감히
바람도 지나갈 수 없어 발길을 멈추어버린
곡우의 차밭으로
참새 혀 내미는 연둣빛 찻잎

한평생 수직으로 탯줄을 땅에 묻고
키워냈던 고귀한 선물

곧은 시선으로 전해주는 차나무와
톡 톡 눈 맞춤 하는 다인※ㅅ들
바구니에 찻잎 따는 소리가 싱싱하다

한 잎
두 잎

덧칠해가는 미소

밤새워 그려놓은 허상들을 지우고 있다

차 바구니

우울증이라도 걸렸을까

대답할 수 없어
입을 닫고 있는 차 바구니

꼼짝할 수 없어
이제부터 쭉 일요일

식어버린 시간을 재생하고 있다

뚱뚱이였어
몸 안에 가득 담았던 다도구들로 빵빵해진
옆구리 터질까 숨도 아꼈었지

그런 고통 속에 즐거움이 수납되기도 했다

임산부가 출산하는 기쁨처럼
배부른 바구니에서 출산한 다도구들은
색 향 미 피워내어 상긋한 웃음을 주었지
〈

비좁은 통로에서 서로 배려하고
몸을 줄여야 했던 침묵이 깨졌다

다도구들의 몸 펴는 소리를 들으며
늙고 낡아진 마른 몸을 닦아 차실에 두었다

이제는 다소곳이 쉴 때
기우는 그늘에도 볕은 들겠지
고단함을 내려놓는다

진열장에 갇힌 다완

다완을 진열장에 넣고 문을 닫았다

움직이지 못한 채
몸이 굳어 버렸다

평생 누군가를 위해 혼신을 다했던
노년의 뒷모습처럼 소진한 저 생

한때는 무대 위의 발레리나처럼 아름다움을 연출하며
푸른 꿈을 꾹꾹 심었을 것이다

아직은 숨을 쉬고 있다고 말하고 싶지만
외면하는 시선들에 나머지 힘마저 붙잡혀 버렸다

단단한 고립만큼 외로움은 커져 갔지만
버석거리는 생의 무게를 가늠할 수 있었다

이미 기울어져 버린 시간들은
헛도는 궤도를 찾아가며
몸속 깊숙이 찻물은 짙어지고 있다

피우고 싶은 다심茶心

땅속 깊이 심지 꽂고
묵언으로 수행했던 차나무

푸르게 물든 마음을 나누는
저 눈빛에 물들고 싶다

생각이 꺼진 마음에 맑은 기운이 흐르고
나른한 오후를 뱉어낸다

생의 난간에서
발버둥 치며 산화되는 순간
일상의 궤적을 이탈하고 있다

다선 일미의 길을 내는 언약
깨끗한 은하수 같아야 할 것 같아 얼룩을 지워냈다

내 안에 뭉게뭉게 구름꽃 만발하니
마른 대지에 움을 틔워내듯
일상 속으로 다심을 피워낼 수 있을까

3부

봄의 빗장을 열고

겨울 차밭

얇은 햇살로는 쉽게 건널 수 없는 겨울

어찌하겠는가

쩍쩍 달라붙은 문고리 붙들고
울어대던 어제의 얼굴

이명처럼 영하의 통점을 짚으며
자맥질했던 자리가 퍼렇다

상고대를 스친 햇살이 눈물을 닦아줄 때

봄날을 꿈꾸며
발돋움했던 시간들이 있었다

겨울바람이 둥지를 튼 차나무밭
찻잎 피워낼 때까지
차꽃은 더 환히 피었다

쉽게 건널 수 없는 겨울에서
너의 진심이 피고 있다

가루차의 발화

말라버린 마음에
차 한 사발의 온기를 붓는다

옥색 위로 펼쳐지는
하얀 포말
촘촘히 올라오는 꽃은 별과 달이다

다탁 위에 다소곳이
뚝 뚝 떨구어 낸 우주의 눈물일까
가슴에 띄우니
울컥 꽃봉오리 맺힌다

몸 안으로 흐르던 향기가
쓴 물이 되어 스미고
깊은 심중의 머리 꼭대기까지 닿았을 때
현현한 심연의 꽃
활짝 피워낼 수 있을까

초조했던 갈증이 살포시
사그라져 빈 사발만 남겼다

〈
눈을 감으면 더 환해지는
쓸쓸함과 줄줄이 엮어진 인연들 사이에서
훨훨, 유화가 핀다

차실의 다완

닫혔던 차실 문을 열었다
단정하게 놓여 있는 다완이 쑥 들어온다

위엄 있게 보이는 그 모습은
더 이상 먼지처럼 떠도는
흙 부스러기가 아니었다
함부로 만지고 밟을 수도 없었다

견디어 온 거친 길은 옛길이 되어 있었다

어느 도공의 손이 하늘의 명을 받아
도인의 넋을 홀연히 환생시켰을까

맑은 찻물을 정갈히 담아낼 때면
들리지 않던 귀도 하늘의 소리를 듣는다

다완의 몸에 기울이면
낮은 곳으로 감돌아지는 찻물
하심이 저절로 일어난다
〈

근심의 마음 한 자락에

하얀 차꽃 같은 자비 그득하게 피워내는 다완茶盌

차를 달이며 철들어간다

돌솥에 찻물을 부어놓고
곡우에 건네받은 진향을 푼다

우주를 삼켜야 했던 차

계절의 색을 따라 들려오는 울부짖음에도
진한 탕수를 만들기 위해
빛을 모았던 시간으로 들어가 본다

가파른 산길의 차밭에는
무서운 회오리바람을 맨손으로 막아가며
울안을 지켜냈던 꿋꿋한 아버지의 손

배앓이에 쓱쓱 뜨거운 머리를 식혀주시며
한평생 둥지 지킴이였던 어머니의 약손

아버지와 어머니의 사랑이 있었다

이제야 철든 마음을 당기어
고삐 풀린 망아지를 보내고

길들여진 소의 고삐를 잡았다

눈을 떠 보니 해는 서쪽으로 기울어지고
돌솥의 차는 내 안으로 짙어진다

푸른 영혼

겨울 차나무밭에는
다관 안에 솔솔 익어가는
차 한 잔의 푸른 영혼이 자라고 있다

통통하게 살찌우는 이파리
살다 보면 소나기 퍼붓듯 펑펑 울어야 할 때
속가슴 눈물 닦아주는 손

근원을 알고 있는 도인의 마음으로
시름을 비우고 올곧은 성품을 품는다

햇살 잡아끄는 봄 영롱하게 일어나
아낌없이 내어주는 향기로움 키워가는
차나무의 비밀

사그락사그락 걸어오는 소리
쉿! 아직은 침묵
하늘 문 열릴 때까지

겨울 차나무밭에는

다관 안에 솔솔 익어가는
삶 한 잔의 여유가 자라고 있다

매화꽃차

봄을 마중하는 매화꽃
반가워 활짝 문을 열었다

봉오리째 꽁꽁 얼어버린 이야기들
내놓지 못한 속마음
도란도란 피워내는 향기를 듣고 있다

시집간 언니가 곱게 수놓은 병풍 속에서
꼼지락거리던 민들레가
잘박잘박 걸어 나오고

눈 비비며 활짝 웃는 나비도
봄소식 내놓으니
바구니 옆에 차고
나물 캤던 어릴 적 친구가 쑥 향기로 다가온다

매화꽃차 한 잔에 보고픈 얼굴이 보이고
그리움 맺힌 숨구멍마다 추억을 되새김질하며
봄의 빗장을 열고 있다

연둣빛 찻잎

계절이 바뀌면 찻잎 빛깔의 깊이가 달라진다

따스한 빛이 고인 틈 사이로
화색이 돌고 곧은 빛 잡고 일어나
음지의 시간들을 걷어낸다

생을 갈구하는 생명들의 몸부림은
허공의 미로를 따라
긴 고립의 허기진 그리움을 덜어내고 있다

여린 숨을 터트리는 한 생명

생사의 물결을 잘 가를 수 있었던 것은
시린 통증이 급소마다 촘촘히 박혔을
전생의 소용돌이를 다 받아낼 수 있었기 때문이다

조용히 피워낸 연둣빛 찻잎
나는 반가움에 울컥하였고
웃음 잃은 아린 말들은 해맑게 웃고 있다

오늘을 따뜻하게 사는 법

찬바람으로 퍼렇게 얼어버린
찻잎 아래로
하얀 드레스 입고 피어오른 차꽃

한 점 근심도 허락할 수 없어
차마 하늘을 보지 못해 시선이 땅으로만 향하는
너를 본다

도시의 소음으로 삐딱하게 지은 집에 들어앉은 마음
생각은 생각 위로 겹겹이 쌓인다
그런 나를 바라보는 너

티 없이 피워 올린 하얀 영혼까지
서슴없이 내어주는 너의 미소를 보며
나는 시름을 퍼내는 두레박이 되었다

바람처럼 자유롭게 상공을 넘나드는
때 이른 나비를 따라
유유자적 사는 법을 찾아가고 있다
〈

소리 없는 미소는 잘 빚어 놓은 언어
뻐딱한 마음도 하얗게 씻어 주는 따뜻한 손길이다

여고 동창생 여행 이야기

교정에 양탄자처럼 깔려 있던
노란 단풍잎이 책갈피 속에서 일어나
세 사람의 꽃을 불렀다

설렘은 가득 차고
무궁화호 기차는 마스크로 입을 가려 놓은 채
사춘기 소녀처럼 시치미 떼고 느릿느릿 딴청이다

곰삭은 향기를 품어내며
타임머신을 타고 여행 중이다

반짝이는 보석박물관에서
실반지 약지마다 나누어 끼고
서로 약속한 듯 입꼬리가 올라간다

고즈넉한 전통 한옥
어릴 적 엄마 냄새 풍기며
우리를 뜨끈뜨끈 안아주었다

밤이슬 모아 차 솥에 올려놓으니

찻물 익어가는 시간이
피어나는 굴뚝 연기처럼 포근하다

총총 웃음꽃이 모여 앉아
도란도란 포즈를 찍어내고
주제 없는 이야기로 가을밤 공기가 흔들린다

창호지 문밖 높은 달은 까치발 곧추세우고
얼굴의 명암을 바꾸어가며 기웃거리는 밤
여고 동창생 이야기에 둥근 달이 익어간다

맨드라미꽃차

맨드라미꽃차를 바라보고 있다

무성한 잡초들 속에서
날벌레의 아우성이 커진 만큼
심혈을 다해 피운 맨드라미

기도하던 어머니처럼
지친 듯 고개 숙인 가을을 밝혔다

어머니를 닮은 맨드라미꽃

못다 이룬 한을 남겼을
작은 씨를 털어내고 몽실몽실 피워
꽃송이를 따뜻한 수증기에 감싸
곱게 말린 맨드라미꽃차

한평생 간절한 기도로 떨구어 낸 사랑
눈이 밝아지고 마음이 차분해졌다
〈

다관 안에서 마른 목을 축이고 있는

생生이 붉다

차를 달이며

돌솥에 일어나는 솔바람 소리에
몸을 풀어 내려놓는다

살포시 입을 열어 내민 색깔은
청아한 풀빛

발길 그친 산사의 차밭
새하얀 눈을 털어 영혼까지 씻기어
한 잎 한 잎이 언제나 푸르렀다

저 하늘빛 깊은 탕색은
뼛속까지 아림을 움켜쥐고
세찬 바람에 슬픔도 가슴으로 안아야 했던
멍 자국일까

오르막 내리막 휘어드는 길모퉁이에 홀로 서서
외로이 견디었을 너의 눈물은

무디어가는 삶에 던져주는 가르침
바래지 않는 풀빛 사랑이었구나

고요유 차실에서

고요유에 들어서니 향긋한 차가 반긴다

찻잔을 두 손으로 받치고
사색의 오솔길을 따라 눈을 감으니
지나온 일들이 주마등처럼 지나간다

덧칠해 있는 내면을 더듬으니
부끄러운 미소가 찻잔에 스며들었다

잔잔한 음악이 위무해주고
차마 보일 수 없었던 눈물을 닦아 준다

슬픔을 걷어낼 수 있었던 것은
차분하게 가라앉는 마음에
봄빛 같은 따뜻함이 내 품으로 들어왔기 때문이다

그리움과 쓸쓸함 두 감정이 섞여
퇴수기 속으로 사라져간다

고요유에서의 여유가 마음의 허기를 재운다

녹차향기 따라

약속이 없어 우연한 만남
코끝으로 밀려오는 향기 따라
찾아온 아름다운 자리

한 찻술 도자기에 담으니
푸른 속살인 듯 사계의 꽃을 피워냅니다

수줍은 얼굴로
다소곳이 앉은 녹색의 차

무슨 비밀이 있어
거친 마음이 말랑말랑해졌을까요

부드럽고 따스한 손길이 단전에 머물고

고단한 마음 흔들어 깨우는 소리
동다송 낭독을 따라가니 겨드랑이에 날개가 돋고
빈 땅을 침범하는 잡초 같은 마음을 걷어냅니다

오늘은 밀려오는 녹향 따라

마음꽃 흐드러지게 피워보렵니다

맑은 햇살 같은 미소가 얼굴이 되네요

차나무의 덕성

살아낼 수 있었던 것은
혼자가 아니었기 때문이다

별빛이 머물다 간 차밭 능선에서
햇살은 찬바람을 밀어내고
세상 속으로 봄을 내어놓으니

따뜻한 선율 고요히 흐르고
차나무는 초승달 같은 잎을 빚어 주었다

고운 빛 받아
색 바랜 생을 씻어 주는 찻잎

삶을 삼킨 만큼 아픔도 삼켰을
푸른 꿈 맺어 가던 길목에서

하늘 아래 어둠을 헤치며
외로움을 건널 수 있었던 것은

긴긴 겨울밤

빛으로 길을 밝혀 주었던
별과 달의 맑은 천성의 덕이었다

머리 깎은 찻상

욕망으로 뒤척이는 가지를 쳐내고
산을 내려온 찻상

차실에 들어오기까지
건너야 했던 흔적들을
고요하게 가라앉히고 헌신하는 당신

같은 자리에서
눈물을 받아내는 나

눈이 마주쳤다

당신은 네 발 가지런히
나는 두 손 가지런히
맑은 마음을 우려내고 있다

지독한 외로움 속에서도
한 곳에 뿌리를 내리고야 마는
차나무의 근원을 닮아가는 다인이어라
〈

차실 안 인기척은
생각의 머리를 깎고 반듯하게
그어놓은 선 위의 여백이 평온하다

4부

찻상 앞에 앉아 있다

차 향기가 좋아라

초승달이 비스듬히 차실에 들어와
연꽃 한 송이 띄워 놓고
차가운 밤공기를 데운다

솔솔 풍기는 차 향기
다관 안에 담기니
끽다거喫茶去
'차 한잔하고 가시오'라고 한다

오천 년의 생각들을 손끝으로 쓰다듬으며
피어오르는 차향 속에 마음을 가라앉힌다

망망대해 항해하는 선인들을 찾아가는 중

어디서 옛 성인이 부르는가
철없는 다인은
그저 차 향기가 좋아라

연꽃 한 송이 띄워 놓은 차실에서는
마음 끝으로 들락거리던 상념도
잔잔한 가슴이 되었다

찻물을 끓이며

돌솥에 떨어지는 청음
화로에 불을 지폈다

가장 낮은 바닥에서
천천히 올라오는 새우 눈
선 하나로 만나는 동그란 눈
자글자글 물이 끓어오른다

점 하나가 선이 되어
동그라미로 그려낸 그림 한 점은
그윽한 마음속에 스미는
차와 물의 본성을 담아낸 언어들의 족자다

진실된 순리를 거스르지 않아야 담아낼 수 있는
온전한 오미의 차 한 잔

선택 없이도 다가오는 생의 비명을 녹여내는
푸른 기적이 있다

삶의 부끄럼을 경계하는

소리조차 잠든 밤은
깊은 회한의 후렴구를 읽어내고 있다

* 오미: 차가 가지고 있는 다섯 가지 맛으로 쓴맛, 떫은맛, 단맛, 신맛, 짠맛.

목마른 향기

갇혀 있던 몸을 풀고
솟아오르는 비상

따뜻한 물 한 잔으로
찻잎 속에 밀봉되었던 진실
풀어내는 순간이 위대하다

순수함으로 물들기까지
온몸의 마디 산산이 조각나는
차나무의 가늠할 수 없는 울음이 있었다

사방에 거침없는 북풍에도

심혈의 기도로 만들어진 차는
삶의 짙은 갈등을 다독일 수 있었다

그것은 명치끝 보이지 않는 오지까지
더듬어 가는 요묘함이 있었기 때문이다

목마른 삶에 자유롭게 넘나드는 향기

달빛처럼 내 안에 들어오는 순간
영원한 그리움으로 남는다

찻잎 따던 날

곡우의 차밭에는
싱그러운 얼굴들이 있다

고비마다 저리는 아픔은
고요 속에 묻고 무언으로 속 비워내며
빛의 방향을 따라 걸어왔던 길

갓 내린 단 이슬에 단장하고
풋풋함을 바람결에 날리고 있다

뚝뚝 손안에 모여지는 찻잎은
어떤 아름다움도 엿볼 수 없는
차 바구니 속을 채워가고 있다

이쯤이면 수없이 피고 졌던 일들은 지우고
욕심을 비운 무심만 남는 법

그것은 당신의 진심이
마음 깊숙이 머물렀기 때문이 아닐까
〈

자연의 순리에 순응하는
한 점 구름이고 싶은 나는

별처럼 내리는 싱그러운 얼굴을
가슴에 품고 당신 바래기가 되고 있다

아버지의 자전거

찻잔에 비치는 달무리에는 아버지의 낡은 자전거가 있다

신나게 굴러가는 자전거

당신 살 같은 어여쁜 딸 먹일 고기를 싣고 힘차게 달리고 있다

빠르게 돌며 보이지 않는 바퀴 축은 가슴에 간직한 사랑법이었다

힘이 빠져가는 바퀴는 점점 느려져도 아버지 마음의 바퀴는 힘차게 돌아가고 있었다

땅에 내려온 별들은 자전거를 밀어주고 길가의 풀들도 일어나

자전거와 함께 달렸다

아버지의 낡은 자전거의 두 바퀴가

찻잔에 그리움으로 출렁인다

낙엽의 약속

가을 길 홀로 지키던 단풍잎 하나
뚝 떨어져 보도블록 사이에 끼어 있다

바람은 애를 써보지만 밤그늘 내려앉고
창백한 얼굴로 빛을 잃어가고 있는데
무심히 그 위를 밟고 지나는 사람들

단풍잎도 붉은 홍차처럼
자신의 몸을 녹여 붉게 우려내고도
그 여운이 영혼처럼 남아 있었기 때문일까

만남 뒤에 오는 이별의 종착지에서
빈집에 날아든 꽃들의 방문처럼
또 다른 이야기로 다시 만나는 것이라고

가을 길목에서 서럽던 순간
마지막 낙엽이 넌지시 귀띔해 주어
그 약속의 말 꼭 쥐어본다

찻잎만 보아도 마음은 이미 꽃이다

보여주기 위한 허울들
훌훌 벗어버린 빈 가슴 위로

차가운 바람 스친 자리가 쓰라리다

욕심과 탐욕의 강을 건너다보면
회한의 세월도
따뜻한 햇살에 녹을 것 같다

바람 따라 도는 풀잎 위로
구름이 서성이는데
서리 입은 차밭이 처연하다

인생은 굳어 가는 슬픔인가

마른 찻잎 찻잔에 띄우니
순백의 마음이 먼저 꽃으로 핀다

청매화꽃

눈을 뜰까 말까

아직은 따뜻한 이불속이
포근해서 얼굴을 묻었습니다

웅성웅성 봄 이야기

하얀 눈을 털고
봄 마루를 닦고 있다는 것이
뜬소문이 아니네요

화들짝 놀라
꽃잎 한 장 가슴에 달고
첫걸음 낯설어 이름표를 붙였습니다

새봄 가지마다 눈을 뜨고
꾹꾹 지문을 남기는 청매화꽃
찻잔에 봄 이야기 담았네요

곡우차

사뿐히 내리는 햇살에
눈을 뜹니다

봄이 웃고 있네요

살짝 문을 열고 바라봅니다

쇼윈도 마네킹처럼 갇혀 있어야 했던
긴 잠복기를 잘라버립니다

초록 잎으로 피어오른
이야기들이 도처에 남아 있습니다

깊고 푸른 사랑을 내놓기 위해서는
산처럼 높은 마음이 있었겠지요

그리웠던 손길로 토닥이며
다가서는 봄날
이슬을 머금은 녹향을 마십니다
〈

그 향기에 울컥해지네요

눈물은 그리움보다 진합니다

밤하늘을 차석으로 펼쳐놓고

가슴에 꽂히는
언어들의 날카로움

먼지처럼 떠도는 음의 파장에
고장 난 문처럼 열린 귀는
내가 아닌 타인이 되어 붉어졌다

토할 것 같은
울렁임에 하루를 두드리면서
꼿꼿하게 꽃대 세우는 것은
본성을 놓쳐 버린 것에 대한 반란이었다

차마고도를 달려야만 하는 말발굽 소리처럼
지친 하루의 소음이 이명이 될 때
까만 밤하늘을 차석으로 펼쳐놓고
찻물 배인 다관에 차를 넣었다

거칠어진 혀를 애무하며
푸른 수액이 몸 안으로 스며들고 있다
〈

하루의 코끝을 문지르는 달콤함에
이명처럼 들렸던 소음들이
쓰윽 너털웃음으로 사라지고 있다

찻물 오르는 봄

고운 물방울 피워내는 하늘가

부지런히 몰려오는 봄빛으로 마른 생명에 피가 돈다는 것

긴 추위를 따뜻하게 품어 치유해 주는 삶의 태동이 있었다

큰 산을 지켜내는 우직한 바위에 가느다란 낙숫물

차갑게 떨어지는 소리를 들으며 살 내리는 외로움을 쓸어내리며 꺾일 듯했던 차밭

봄빛 생명수로 표정 없는 나무 가지마다 흔들어 영혼을 그려주니 푸르게 생기가 돌고

뜀박질하는 봄바람에 여린 살결은 찻물로 물들어간다

나비처럼 날아가셨다

나비 한 마리 날고 있는
강가의 벚나무 아래 서 있다

강물 따라 물비늘에 투영되는
엄마와 나의 찻물

일곱 식구 땀방울이 배인 다듬잇돌
함성이 되어 퍼지는 방망이 소리에
단단한 한숨이 나긋나긋해졌다

칼바람 내리꽂히는 아픔
맨손으로 훔쳐냈어야 했던 세월을
빈 허공으로 쏟아냈던 소리가 추억이 되고

이승과 저승의 갈래 길에서
천상을 잇는 꽃비를 맞으며
당신은 나비처럼 훨훨 날아가셨다

봄 언덕에 쑥

바구니에 쑤욱 마음이 먼저 들어와
몸을 포갠다

아직은 이른 시간
바람이 봄을 깨우니 비시시
눈 비비며 차디찬 몸을 일으킨다

저 너머 겨울을 건너고 쉬고 있는
늙은 소의 잔등 같은 동산에서
쑥 향기를 올리고 있다

서둘러 봄을 담아 오는 바구니에
콧노래가 따라오고
가마솥에 봄을 털고 있는 쑥차

마지막 기도 속에는
목숨 바친 비장한 독백이 있었으니

막막한 마음의 매듭을 풀면
묵은 시름 덜어낼 수 있겠지

〈
곰도 사람으로 바꾼 쑥

작년 가을 몸져누운 그대 벌떡 일어날까
약탕기에 쑥을 넣는다

茶書를 읽으며

어둠에 닻을 내린 하루
보이지 않아 잡을 수 없었던 것들을
읊조려 보았다

헤어날 수 없는 올무에 걸려
탈출구를 찾지 못하는 다리는
문풍지처럼 떨렸고 무뎌 가는 하루가 표류했다

바람도 휘청이는 날
애잔한 달무리가 떴다
쉬어 가는 길목에서 차실은
부드러운 솜털 보송보송한 백차를 우려낸다

찻물이 그려내는 슬픔은 또 다른 감정인가

수척한 돌담의 한 모퉁이를
오솔길과 덧댄 후 茶書를 읽는다

사색은 단꿈에서 깊어지고 있다

명상

가라앉은 침묵에서
토해내는 생각 덩어리들

담장의 담쟁이넝쿨처럼
틈을 주지 않고 벽을 채워간다

단전으로 호흡을 몰아 버둥거릴수록
깊은 수렁으로 던져진 밧줄은 견고하다

버릴 수 없다면 안아야 하는 운명에서
안과 밖의 쉼 없는 발길질이 있다

생각도 잡념으로 남아
억척스럽게 매달리는 굴레들

어둠이 물러가고
새벽이 오는 순리가 있음을 믿고
뒤엉킨 마음이 찻상 앞에 앉아 있다

■ 해 설

빛으로 난 길

고광식(시인·문학평론가)

> 체감, 미각적·후각적 감각기관은 근원적으로 고통, 맛, 향을 인지하는 것에 있지 않다. 감각은 자신의 고유한 의미를 잃어버리고 모든 시작이 시작되는 담론, 주제 속에 제시되는 존재 앞에 '스스로를 위치시키면서', ~대한 의식, ~의 경험이 되면서 발견의 의미를 갖게 된다.
> — 레비나스, 『존재와 다르게』 중에서

1. '낭독'하는 시간

 디지털 시대는 눈이 부시도록 현란하다. 그리고 선명하고 정확하다. 하지만, 디지털 방식으로 신호를 보내 재생한다고 해서 행복이 보장되는 것은 아니다. 행복은 감각되는 현상 저편에 있는 것이기 때문에 주체를 스스로 위치시켜야 한다. 삶은 디지털 방식으로 신호를 보낸다고 해서 행복해지지 않는다. 모든 정보를 디지털 신호로 받아들이고 내보내는 시대는 빠른 속도 때문에 삶의 여유를 만들지 못한다.

자신을 찾는 과정에서 강금이의 시는 디지털 시대 저편에 있는 아날로그의 느림 속으로 스스로를 위치시킨다. 느림이 만들어내는 여유는 특별한 시간으로 새로운 발견을 경험하게 한다. 현상의 이쪽에 있는 존재를 발견하는 일은 "한 곳에 몸과 마음을 묻고/ 죽어서도 뼈로 뿌리내리라는 말"(「가슴에 차나무 씨를 심었다」)을 가슴에 다독여야 가능해진다. 아날로그 시대의 지배이데올로기는 전체 이익을 위해 모든 존재는 동일자의 표정과 몸짓을 강요한다. 그러나 타자를 동일자로 생각하는 사유는 주체를 깊은 성찰의 늪으로 빠지게 하는 기제이다. 디지털 시대에 지배당하고 있는 시간은 "찻물은 곡선이 아닌 직선이다"(「군자의 기상」)처럼 사유의 예각을 드러낸다. 디지털 시대는 찻물도 소리나 그림으로 선명한 화면과 깨끗한 화면으로 보여준다. 우리는 디지털 화면에 잠시 머문 의도되고 만들어진 행복에 젖을 뿐이다. 자연에 존재하는 사물을 가공해서 디지털로 변환해도 아날로그적 느림의 본질을 지울 수는 없다. 왜냐하면 아날로그적 행위는 아주 여유로워 성찰의 본질로 가닿기 때문이다.

찻물은 아날로그의 성찰로 자연의 본질을 느끼게 한다.

주체는 자연 속으로 침잠해 이편의 존재와 저편의 존재를 떠올린다.

> 망울진 잎눈 터트리는 날까지
> 생을 농축시켰던 연둣빛 찻물
> 민낯의 진실함일까
>
> 하늘을 받쳐 들고
> 성인들의 고서를 낭독하는 듯하다
>
> 이슬처럼 맑아진 차나무 골에서
> 식어가는 심장에 청아한 온기를 담는다
>
> 산다는 것은
> 남은 시간이 사라지기도 하지만
> 살아온 시간을 비워가는 것일까
>
> — 「녹차」 부분

찻잔을 앞에 놓고 화자는 모진 풍파 속에서도 올곧게 살았던 식물성의 삶을 바라본다. 녹차의 파란 잎은 인위적인 시간이 아닌 자연적인 시간을 견디어 왔다. 녹차의 시간은 인간의 시간과는 다르게 "생을 농축시켰던 연둣빛 찻물"로 흘러간다. 자연의 시간이 디지털 시대의 시간처럼 선명하지 않다는 것은 잘못된 생각이다. 자연의 시간은 "하늘을 받쳐 들고" 흘러가기 때문이다. 화자는 녹차가 담긴 찻잔을 바라보며 "성인들의 고서를 낭독하는 듯하다"고 아날로그 시대의 삶에 대해 성찰한다. 현재는 과거로부터 왔지만, 과거와는 다르게 흘러간다. 세계 속의 수많은 존재자는 동일자의 표정을 짓지 않는다. 타자가 주체와 같은 동일자의 표정을 짓는다는 것은 착각이다. 이러한 착각은 서로를 불행하게 만든다. 자연의 시간 밖에서 화자는 "식어가는 심장에 청아한 온기를 담는" 것으로 아날로그의 여유로 환원을 시도한다. 디지털의 시간은 너무 속도감이 있어서 슬프다. 하지만, 자연의 시간은 디지털 시간처럼 선명하게 보이지 않는다. 보이지 않기 때문에 "살아온 시간을 비워가는 것일까"와 같은 성찰이 가능해진다. 자연 속에서 물아일체가 되어 '나'를 만나는 시간은 아름답다.

세상의 존재자들은 자연 안에서 하나였다. 옛사람들은 자연을 숭배했고, 자연 속에서 도를 발견했다. 차를 마신다는 것은 고서를 낭독하는 시간이다. 따라서 다도는 자기 자신을 수양해 합목적성을 갖고 '나'를 만드는 일이다.

2. 자유로운 꽃, 현상과 언어

아리스토텔레스는 자연이란 '그 자체 안에 운동의 원리를 가진 것이다'라고 정의한다. 자연은 인간이 이성으로 맞서는 대상이 아니다. 인간이나 신마저도 자연 위에 서는 존재가 될 수 없다. 세상의 모든 사물은 자연 안에 내재적이다. 인간도 자연에서 태어나 성장한다. 그리고 쇠약해져 다시 자연으로 돌아간다. 그뿐만 아니라 식물도 자연 안에서 생명력을 가지고 스스로 생성되어 자신의 목적을 이룬다. 자연 안에서 인간이나 식물은 동질적으로 조화한다. 하지만 인간의 이성이 강해지자, 자연은 인간과 동질의 것이 아니라는 사고가 커졌다. 이제 자연은 인간에 의해 비인간화되어 분석되기에 이른다. 이것이 근대의 기계론적 자연관이다. 자연이 절대적 타자가 되자 인간은 홀로 초월적 존재가 된다. 결국, 인간은 자연을 고문하고 겁탈한 지배자가 되었다. 하지만, 자연은 인간과 동질의 것이라는 데는 변함이 없다.

강금이에게 자연은 인간에 대해 대립적 존재가 아니다. 시인은 합목적성으로 피어나는 자유로운 꽃을 보며 자연을 직관하고 이해한다.

어떤 말도 달아나지 못하도록 꾸욱 봉해 두었다

〈

생을 여니 쏟아져 나오는 이야기들

계절의 끝자락에서 햇살 한 조각 살짝 묻혀와 생을 만들어가는 애틋한 몸부림

외로움도 말갛게 삭혀냈던 흔적

눌려 있던 숨 조각들 영혼만큼은 자유로운 꽃이 되었다

별을 따라나섰던 길

아픈 통점들이 꽃말로 승화되고 있다
-「차꽃의 언어」 전문

항아리에 갇혀 있어 눈은 언제나 깜깜했다

앞은 볼 수 있을까
덜컥 겁이 났다

쫑긋한 귀로 웅성대는 소리가 들리고
미궁 속에서 빠져나오려고 할수록

더 깊이 빠져들었다

…중략…

익어 가고 있는 것이다

이제는 거꾸로 서 있는 마음을 돌리고
뭉쳐진 덩어리 풀어 그대에게
달고 깊은 맛 펼쳐볼 수 있겠다

— 「항아리 속의 보이차」 부분

  시적 화자는 「차꽃의 언어」에서 식물에서만 볼 수 있는 고유한 성질 속으로 침잠한다. 친밀한 몸짓으로 직관하고 이해하자 "어떤 말도 달아나지 못하도록 꾸욱 봉해" 두었던 차꽃의 이야기가 들려온다. 자연 안에서 화자나 차꽃은 동질자이다. 이러한 자세로 차꽃을 비인간화 이전으로 환원한다. 이때 화자의 눈에 "계절의 끝자락에서 햇살 한 조각 살짝 묻혀와 생을 만들어가는 애틋한 몸부림"이 들어온다. 차꽃은 타자가 아니다. 인간처럼 자연에서 태어나 스스로의 힘으로 살아가는 존재이다. 그러니 인간과 차꽃은 계층적으로 나누어져선 안 된다. 화자는 인간과 대립적이지 않은 차꽃의 모습에서 "외로움도 말갛게 삭혀냈던 흔적"

처럼 자연에 내재한 동질자의 표정을 본다. 이제 자연 안의 모든 생명체는 계층적인 질서로 위치하지 않는다. 자연은 인간과 차꽃을 포괄하는 개념이다. 이러한 태도는 인간이 자연을 초월한 존재가 아님을 깨닫게 한다. 더는 자연을 대상으로 비인간화가 추진되어선 안 된다. 시적 화자는 "아픈 통점들이 꽃말로" 전하는 이야기에 귀를 기울인다.

「항아리 속의 보이차」에서 시적 화자는 보이차를 이질적 대상으로 보지 않는다. 동질의 것으로 인간화하자 "항아리에 갇혀 있어 눈은 언제나 깜깜했다"는 보이차의 고백이 들려온다. 보이차는 자본주의 사회에서 파편화되고 고립되어 자체적으로 성장을 모색하는 인간의 모습을 닮았다. 자연 안에서 모든 사물은 동등한 권리를 갖는다. 인간과 동물을 나누어서도 안 되고, 인간과 식물을 이질적인 존재로 보아서도 안 된다. 시적 화자는 항아리 속의 보이차에 동질적 친밀감을 보인다. 자연 자체에 존재하는 보이차를 타자로 놓고 관찰하지 않는다. 보이차는 인간과 동질의 것이다. 화자가 동질자의 자세로 바라보자 "익어 가고 있는" 항아리 속의 보이차가 보이기 시작한다. 익어 간다는 것은 보이차가 합목적성의 꽃을 피운다는 뜻이다. 고립되어 주변부에서 자신을 성찰하는 현대인의 모습이 "이제는 거꾸로 서 있는 마음을 돌리고" 있는 항아리 속의 보이차이다. 세계의 중심으로 가기 위해 지금 여기의 주체는 "뭉쳐진 덩어리 풀어 그대에게" 주는 행동을 끊임없이 반복한다. "달고 깊은 맛"은 인간과 보이차가 동질의 친밀자가 되었을 때 깨달을 수 있다.

    보여주기 위한 허울들
    훌훌 벗어버린 빈 가슴 위로

    차가운 바람 스친 자리가 쓰라리다

    욕심과 탐욕의 강을 건너다보면
    회한의 세월도
    따뜻한 햇살에 녹을 것 같다

    바람 따라 도는 풀잎 위로
    구름이 서성이는데
    서리 입은 차밭이 처연하다

    인생은 굳어 가는 슬픔인가

    마른 찻잎 찻잔에 띄우니
    순백의 마음이 먼저 꽃으로 핀다
          - 「찻잎만 보아도 마음은 이미 꽃이다」 전문

인간은 거울에 민감한 반응을 보인다. 거울은 우리의 모습을 비추어 보는 용도로 사용되는 도구이다. 거울 속의 '나'는 진짜가 아니다. 표면의 빛 반사에 의해 드러나는 상은 타인의 눈으로 본 우리의 모습이다. 인간은 어릴 적 거울을 본 이후 죽을 때까지 "보여주기 위한 허울들"처럼 표면의 빛 반사를 의식한다. 그러나 시적 화자는 자연을 인간화하였기 때문에 그런 허울들을 "훌훌 벗어버린 빈 가슴"으로 자기 내면에 잠입한다. 그러자 회한의 세월이 보인다. 그리고 탐욕이 "따뜻한 햇살에 녹을 것" 같은 느낌에 사로잡힌다. 스스로의 힘으로 자라나 성장하는 차밭은 목적의식이 분명하다. 찻잔 앞에 앉은 주체의 상처를 하염없이 쓰다듬는다. 자연 속의 동질자로 마른 찻잎은 처연한 표정을 짓고 있다. 자본주의 사회에서 타자로부터 오는 억압은 나의 결핍을 확인하게 한다. 그때마다 타인의 눈인 거울을 의식하며 삶의 주체는 슬픔에 젖는다. 이렇듯 처연한 순간을 벗어나는 것은 "마른 찻잎 찻잔에" 띄우는 시간이다. 화자는 차향이 퍼져나가는 공간에서 "순백의 마음이 먼저 꽃으로" 피는 것을 본다.

　자유롭게 차꽃이 핀다. 꽃이 피어난 현상은 우리에게 친밀한 동질자의 몸짓이다. 따라서 우리는 차꽃에 의해 촉발되는 감정을 이해하기 위해 입을 연다. 차꽃이라는 대상이 사유가 되는 순간은 성찰의 시간에만 가능하다. 인간과 자연은 대립적이지 않다. 이처럼 강금이는 차꽃을 통해 은폐된 진리를 찾고 우리의 존재를 해명하는 데 열중이다.

3. 수직의 시선

 찻잔에 차를 따르는 것은 자신의 삶을 들여다보는 행위이다. 차는 빛깔과 향으로 자아와 타자를 동질의 마음으로 만든다. 수직으로 떨어지는 찻물은 우리에게 공존하는 삶의 표정을 짓는다. 우주적 시간을 스스로의 힘으로 견디는 방법을 가르쳐준다. 수직의 시선은 한자리에 붙박여 있는 것을 의미하지 않는다. 주체는 찻잔을 바라보며 타자로부터 생긴 상처를 지운다. 찻잔에 투영되는 감정을 다스리는 것은 건강한 소통으로 가는 길이다. 수직의 시선 끝에 조각으로 나뉘고 고립된 마음이 매달려 있다. 고요히 시간이 흐른다. 이제 고립되었던 주체는 몸을 단정히 하고 친밀한 웃음을 짓는다. 동적이었던 삶의 주체는 차를 마시며 식물의 정적인 순간에 감응한다. 자연 속에서 동적인 인간과 정적인 식물은 스스로 자라난다. 그리고 자신의 바깥으로 나아가 감정을 펼치는 행동을 반복한다. 서로의 감정을 받아 듣고 우리는 현실에 존재한다. 강금이 시인은 수직의 시선으로 차향을 가슴 속으로 끌어들인다.

  자연이 비인간화되었을 때, 식물은 철저하게 분석의 대상이었다. 식물이 꿈꿔왔던 합목적성 따위는 인간에게 중요하지 않았다. 식물의 사생활 또한 보장되지 않았다. 그러나 강금이 시인은 식물 앞에서 새로운 세계를 연다.

    얇은 햇살로는 쉽게 건널 수 없는 겨울

    어찌하겠는가

    쩍쩍 달라붙은 문고리 붙들고
    울어대던 어제의 얼굴

    이명처럼 영하의 통점을 짚으며
    자맥질했던 자리가 퍼렇다

    상고대를 스친 햇살이 눈물을 닦아줄 때

    봄날을 꿈꾸며
    발돋움했던 시간들이 있었다
    〈

겨울바람이 둥지를 튼 차나무밭

찻잎 피워낼 때까지

차꽃은 더 환히 피었다

쉽게 건널 수 없는 겨울에서

너의 진심이 피고 있다

　　　　　　　　　　　　－「겨울 차밭」 전문

먹구름은 숨어버리고 감히

바람도 지나갈 수 없어 발길을 멈추어버린

곡우의 차밭으로

참새 혀 내미는 연둣빛 찻잎

한평생 수직으로 탯줄을 땅에 묻고

키워냈던 고귀한 선물

곧은 시선으로 전해주는 차나무와

톡 톡 눈 맞춤 하는 다인茶人들

바구니에 찻잎 따는 소리가 싱싱하다

한 잎

두 잎

덧칠해가는 미소

밤새워 그려놓은 허상들을 지우고 있다

— 「작설차」 부분

「겨울 차밭」의 시적 화자는 "얇은 햇살로는 쉽게 건널 수 없는 겨울"을 떠올린다. 겨울은 모든 생명체가 움츠린 계절이다. 고립되어 움츠린 상태로 아주 긴 계절을 지낸다는 것은 혹독한 시련이다. 땅은 얼어붙고 산과 들은 눈으로 뒤덮여 생존에 위협을 가한다. 바람이 나뭇가지를 잡아 흔들 때, 생명이 있는 것들은 두려운 자연을 보게 된다. 화자는 "쩍쩍 달라붙은 문고리 붙들고/ 울어대던 어제의 얼굴"을 떠올린다. 이러한 떠올림으로 차밭에서 결핍과 상처로 빚어낸 끔찍한 삶의 주름을 발견한 것이다. 겨울은 햇볕의 양이 가장 적은 계절이다. 화자가 차밭에서 햇볕의 양이 적었던 자신의 삶을 응시한다. 한참을 응시하자 그런데도 "봄날을 꿈꾸며/ 발돋움했던 시간들이" 있었다는 것을 알게 된다. 혹독한 겨울을 견디는 차밭에 화자는 자신의 감정을 투영한다. 이제 겨울이라는 불화의 시간 속에서 봄을 감지하는 차밭의 수많은 촉수가 자기 삶이었음을 깨닫는다. 이처럼 차밭에 대한 생각은 자신을 의식 있는 대자 존재로 만든다.

「작설차」의 시적 화자는 즉자 존재로 자신의 본질을 드러내고 있는 작설차 앞에서 숨이 멎을 것 같다. 시간의 폭력과 협박을 이겨내고 푸른 웃음을 짓고 있는 차의 표정이 숭고하다. 작설차는 작설차와 연대하여 내부적으로 단단해졌다. 바람과 햇볕과 작설차는 서로 엇갈리거나 마주치며 자신의 본성을 꽃피운다. 그러기에 "곡우의 차밭으로" 연둣빛 찻잎이 솟아날 수 있는 것이다. 작설차는 유희하는 시간을 모른다. 오직 찻잎의 본성은 직선의 곧음이다. 서로 어긋나고 빗나가 불화하지 않는다. 곧은 시선으로 작설차는 "한 잎/ 두 잎/ 덧칠해가는 미소"를 지으며 인간과 동질의 것이라고 속삭인다. 스스로 자라나는 작설차는 자신이 위치할 장소를 안다. 그리고 그 장소에서 생명력을 갖고 주변과 동질적으로 조화하는 삶을 산다. 자신이 꿈꾸는 지점에서 정확히 색깔을 드러내고 향을 흩날린다. 계층적이며 이질적 질서를 용납하지 않기에 작설차는 늘 푸른 웃음을 잃지 않는다. 화자는 차를 마시며 "밤새워 그려놓은 허상들을 지우고" 있는 중이다.

찻잔에 비치는 달무리에는 아버지의 낡은 자전거가 있다

신나게 굴러가는 자전거
〈

당신 살 같은 어여쁜 딸 먹일 고기를 싣고 힘차게 달리고 있다

빠르게 돌며 보이지 않는 바퀴 축은 가슴에 간직한 사랑법이었다

힘이 빠져가는 바퀴는 점점 느려져도 아버지 마음의 바퀴는 힘차게 돌아가고 있었다

땅에 내려온 별들은 자전거를 밀어주고 길가의 풀들도 일어나

자전거와 함께 달렸다

아버지의 낡은 자전거의 두 바퀴가

찻잔에 그리움으로 출렁인다
- 「아버지의 자전거」 전문

시적 화자는 "찻잔에 비치는 달무리"를 보며 "아버지의 낡은 자전거"를 떠올린다. 과거의 시간을 지금 여기로 소환하자 아버지가 그리워진다. 가족을 위해 조건 없는 희

생을 했던 아버지가 찻잔 속에서 자전거를 타고 달린다. 세월이 흐를수록 기억은 희미해지는데 아버지에 대한 기억은 그렇지 않다. 아버지의 존재 이유가 화자에 대한 사랑에 있다는 듯 과거의 시간이 따뜻하게 떠오른다. 화자는 찻잔 앞에서 아버지의 신체적 능력이 "힘이 빠져가는 바퀴는 점점 느려져도" 변함없이 "아버지 마음의 바퀴는 힘차게 돌아가고" 있는 것을 본다. 아버지의 대가 없는 사랑을 반추하는 시간은 찻잔에 떠오른 과거의 기억으로 한 송이 수선화가 된다. 언제나 가족에게로 향했던 아버지의 마음은 가공하지 않은 사랑이었다. 찻잔을 앞에 놓고 부성애의 힘으로 "땅에 내려온 별들은 자전거를 밀어주고 길가의 풀들도 일어나"는 것을 본다. 아버지의 사랑은 허상이 아니라 실재였다. 화자가 앞으로 살아갈 진리의 길을 비춰주는 한 줄기 부드러운 빛이었다. 찻잔 속의 자전거는 아버지의 힘으로 닫힌 공간을 열며 달린다.

수직의 시선이 닿는 곳에 찻잔이 있다. 찻잔을 바라보는 시간은 삶을 반추하는 순간이다. 이러한 반추는 좀 더 나은 가능 세계를 찾는 기제로 작용한다.

4. 살아낼 힘

 삶의 주체가 살아갈 힘을 얻는 것은 가능 세계에 대한 탐구 때문이다. 사물이 현실에 던져져 있는 현실 세계에 우리는 모두 만족하지 못한다. 우리는 어떻게 하면 가장 이상적인 모습으로 있을 것인가에 대해 생각한다. 이러한 가능 세계는 혼자서 추구하기 어렵다. 자연에 존재하는 모든 사물은 자체적으로 살아가는 운동 원리를 안다. 결코, 이기적이지 않다. 동질적으로 조화하고 이타적으로 도와준다. 그러므로 자연 안에는 이질적이며 계층적 질서는 존재하지 않는다. 자신의 힘으로 성장하지만, 서로에게 내재해 성장을 돕는다. 자연 안의 모든 존재는 공동체에 마찰을 일으키지 않는다. 따라서 자연은 어떤 사물도 소수자로 두지 않고, 합목적성의 꽃을 피울 수 있게 한다. 누구든지 합목적성의 주인이 되며 동질적 친밀감으로 영혼을 공유한다.
 강금이 시인은 자연의 일부이며 전체인 차나무를 바라본다. 그리고 동질적으로 조화하는 삶을 깨닫는다. 차나무를 비인간화 이전으로 환원시키면 얼마나 많은 것들이 보이는지 안다. 우리는 모두 자연 안에 서로의 힘으로 도우며 살아가는 존재이다.

살아낼 수 있었던 것은
혼자가 아니었기 때문이다

별빛이 머물다 간 차밭 능선에서
햇살은 찬바람을 밀어내고
세상 속으로 봄을 내어놓으니

…중략…

푸른 꿈 맺어 가던 길목에서

하늘 아래 어둠을 헤치며
외로움을 건널 수 있었던 것은

긴긴 겨울밤
빛으로 길을 밝혀 주었던
별과 달의 맑은 천성의 덕이었다
- 「차나무의 덕성」 부분

 자본주의 사회에서는 누구나 쉽게 파편화되고 고립될 수 있다. 이때 삶의 주체는 사회적 소수자가 되어 고통을 받는다. 그러나 자연은 어떤 사물도 파편화하여 이질적인 존재로 만들지 않는다. 시적 화자는 "살아낼 수 있었던 것은/ 혼자가 아니었기 때문이다"라고 자연의 덕성을 진술한다.

각자의 본성대로 살지만, 서로에게 이타적인 행위를 한다. 밤하늘의 달과 별은 우주에 균열을 만들지 않는다. 자신이 있는 자리에서 모습을 드러내 타자에게 친밀한 웃음을 짓는다. 앞이 보이지 않는 어둠을 헤치며 차나무는 꽃을 피운다. 화자는 차나무가 자신의 힘으로 자라나 성장하는 모습에서 삶의 지혜를 배운다. 현실적 유토피아로 가고자 하는 길을 차나무는 덕성으로 비추어준다.

레비나스가 적시한 발견의 의미를 강금이 시인은 다도에서 찾는다. 차에서 체감하는 미각적·후각적 인지는 자신의 고유한 정체성을 잃지 않도록 만든다. 다도에 대한 의식은 바른 삶을 발견하게 한다. 그러므로 시인이 발견한 것은 자연이 만드는 빛으로 난 길 위에 삶을 위치시켜야 한다는 진리이다.

상상인 시인선 *036*

찻잎만 보아도 마음은 이미 꽃이다

초판 1쇄 발행 | 2023년 6월 23일

지 은 이 강금이

펴 낸 곳 도서출판 상상인
펴 낸 이 진혜진
편   집 세종PNP
책임교정 종이시계
표지디자인 김민정

등록번호 제572-96-00959호
등록일자 2019년 6월 25일
주   소 06621 서울시 서초구 서초대로74길 29, 904호
전화번호 02-747-1367, 010-7371-1871
팩   스 02-747-1877
전자우편 ssaangin@hanmail.net

ISBN 979-11-93093-04-7 (03810)

값 10,000원

* 이 책은 전부 또는 일부 내용을 재사용하려면 반드시 저작권자와 도서출판 상상인의 동의를 받아야 합니다.

* 이 도서의 국립중앙도서관 출판시도서목록(CIP)은 서지정보유통지원시스템 홈페이지(http://seoji.nl.go.kr)와 국가자료공동목록시스템(http://www.nl.go.kr/kolisnet)에서 이용하실 수 있습니다.